कल्पनाओं का प्रवाह

आरम्भ से प्रवाह तक

वीर गौरव जताना

BookLeaf Publishing

India | USA | UK

Made with ❤ on the BookLeaf Publishing Platform
www.bookleafpub.in
www.bookleafpub.com

Dedication

"पूजनीय स्वर्गीय माता श्रीमती राज जाताना जी **चरणों में...** जिनकी प्रेरणा और आशीर्वाद ने मेरी कल्पनाओं को शब्दों का रूप देने का साहस दिया। यह कृति आपकी सीख और अटूट विश्वास को समर्पित है।"

Preface

मनुष्य के भीतर एक अनंत आकाश होता है, जहाँ विचारों के बादल उमड़ते-घुमड़ते रहते हैं। जब ये विचार भावनाओं की बारिश बनकर काग़ज़ पर उतरते हैं, तो एक रचना का जन्म होता है। **'कल्पनाओं का प्रवाह'** मात्र एक पुस्तक नहीं है, बल्कि मेरे हृदय के उन कोनों की यात्रा है जहाँ शब्द मौन से संवाद करते हैं।

इस संग्रह में संकलित हर रचना मेरे अंतर्मन के किसी न किसी पड़ाव की गवाह है। कभी ये कल्पनाएँ समाज के किसी कड़वे सच से टकराईं, तो कभी प्रेम और प्रकृति के निश्छल प्रवाह में बहती चली गईं। मैंने कोशिश की है कि शब्दों का यह प्रवाह आपके हृदय को उसी तरह छुए, जैसे इसने लिखते समय मुझे छुआ था।

मैं उन सभी का आभारी हूँ जिन्होंने मेरी लेखनी को पंख दिए। आशा है कि 'कल्पनाओं का प्रवाह' की ये लहरें आपके जीवन में सकारात्मकता और संवेदना का संचार करेंगी।

"वीर गौरव जाताना "

Acknowledgements

आभार

"कल्पनाओं का प्रवाह" केवल शब्दों का संग्रह नहीं, बल्कि मेरे हृदय के उन कोनों की यात्रा है जहाँ विचार जन्म लेते हैं। इस यात्रा को सफल बनाने के लिए मैं सबसे पहले अपने **माता-पिता,** जीवन संगिनी ममता , बेटियां वामसी एवं वान्या , भाइयों एवं मित्रो का हृदय से आभार व्यक्त करता हूँ, जिनकी प्रेरणा और आशीर्वाद ने मेरी कल्पनाओं को पंख दिए।

मैं अपने उन सभी **मित्रों और शुभचिंतकों** का भी ऋणी हूँ, जिन्होंने न केवल मेरी लेखनी पर विश्वास किया, बल्कि समय-समय पर अपने सुझावों से इस 'प्रवाह' को सही दिशा दी। अंत में, मैं अपने **पाठकों** का धन्यवाद करता हूँ, जिनके बिना किसी भी रचना का अस्तित्व अधूरा है।

1. बात

कुछ बात होती है, जो कभी आम नहीं होती,
ख़ास होती है किसी से, सरे आम नहीं होती,
क्या होता है उन बातो में, ये जानता नहीं कोई,
क्यूंकि इन बातो की तो कोई जुबान नहीं होती l

बात कभी मोहबत्त, तो कभी तकरार की होती,
बात जो भी हो चाहे, हमेशा आँख है रोती,
किसी के वास्ते बहुत, किसी को कुछ नहीं होती,
है समझ का खेल, पर बात तो बात है होती l

2. दिल रीझ जाता है

तेरी मुस्कुराहट पर ये दिल रीझ जाता है,
बिन कुछ कहे तेरे क़रीब आ जाता है,
बसा लो यूँ आग़ोश में अपने मुझको,
बिन तेरे अब रहा नहीं जाता है।
ख़ूबसूरत है कितना दिल तेरा
ये मैं जानता हूँ या खुदा
कैसे मैं बताऊँ हर पल तेरा ख़याल आता है।
कभी दूर होते हो तुम मुझसे
मानो कुछ खाने को आता है
तेरी हर एक अदा पर मुझको
जी भर के प्यार आता है।

3. ख्वाहिश

तुम हमसे बात करो, ऐसा दिल तो चाहता है,
तुम भी ऐसा चाहो, ऐसा नहीं हो पाता है,
हमे तो भाता है, गुस्सा भी तुम्हारा,
तुम्हे तो हमारा हँसाना भी खाता है,
नहीं हो सकती सोच दो लोगो की एक जैसी,
क्यूंकि एक श्वास आता तो एक जाता है l
और श्वासो का खेल है यह जिंदगी,
एक यहाँ आता तो एक जाता है,
कोई किसी को हँसाता है यहाँ,
तो कोई किसी को रुलाता है l

4. ज़िन्दगी

एक अनजानी सी राह पर जा रही है जिंदगी
रोज़ नए तजुर्बे सिखा रही है जिंदगी
लुटा दी जिनके लिए आबरू तक अपनी
उन्ही से लुटी जा रही है जिंदगी
इंतज़ार है मुझे अपने हक़ के वक्त का
मेरा भी एहसान मनाएगी जिंदगी
आज ख़िलाफ़ है तो माना वक़्त का दस्तूर है ,
कल फिर से वापस रौनक लाएगी ज़िन्दगी

5. 'बेटी'

वो होली का रंग दिवाली का दिया होती है,
जल की तरंग, संगीत का साज होती है,
बेशकीमती तोहफा है वो खुदा का इस जहां में,
'बेटी' जिससे दुनिया आबाद होती है I
वो पापा की परी, भाई की मुस्कान होती है,
वो मां का गुमान, परिवार की आन होती है,
करती है रोशन दो दो जहां को वो,
गहराई में समुद्र, ऊंचाई में आसमान होती है,
खुदा की इबादत, भगवान का वरदान होती है,
इस जहां में वो जन्नत का एहसास होती है,
खुशनसीब है वो लोग इस दुनिया में 'वीर ',
जिन्हे नसीब 'बेटी' की सौगात होती है I

6. क्या नया हो जायेगा

साथ तुम भी छोड़ दोगे तो क्या नया हो जायेगा
रीत ये तो पुरानी है, जो तू भी निभा जायेगा,
सोच लेना ये मगर छोड़ने से पहले मुझको,
साथ जहाँ से लिया था, क्या वापस वहीं छोड़ आएगा

दोस्ती पथ पर साथ चलने का फैसला मिलकर किया था,
सुख और दुःख में साथ चलने का वादा भी किया था,
दोस्ती में सबसे ऊंचा नाम हमारा होगा कभी,
सोचा था हमारी दोस्ती में दिन भी ऐसा आएगा

अब क्या हुआ जो हम साथी से अजनबी हो गए,
साथी नए मिल गए, या तुम हमसे बोर हो गए,
सफर तो यूं जिंदगी का, अकेले भी कट जायेगा,
याद रखना दोस्त तू हमे कभी ना भूल पायेगा I

7. सोचता रहता हूँ

तेरे बारे में सोचता रहता हूँ
तुझे हर पल देखता रहता हूँ
आता हूँ तेरे सामने कहने को हाल ए दिल
बोलने को बस शब्द ढूँढता रहता हूँ
एक तू है कि खबर जिसे नहीं
मैं तुझे ख़ुद में ढूँढता रहता हूँ
चल बसा ले मुझे ख़ुद के आग़ोश में
मैं कोई आम नहीं जो हर एक को मिलता रहता हूँ

8. मुझे छोड़ कर

तुम चले तो जाओगे मुझे छोड़ कर

पर साथ ले जाओगे मेरा बेबाकपन
साथ देने का हुनर और मेरा चाल चलन
शराफ़त मेरी ले जाओगे और साथ में दरियादिली भी
क्या आँख मिला पाओगे फिर मुझसे कभी
बस छोड़ जाना मेरे चेहरे की मासूमियत
ताकि बनी रहे जीवन में थोड़ी अहमियत
छोड़ जाना परछाई मेरी जो अकेलापन मेरा दूर करे
गुम जाऊँ अगर किसी मोड़ पर मुझसे मेरी पहचान करे
सब कुछ भी ले जाओगे तो भी मेरी पहचान ना मिटा पाओगे
ज़िंदगी में हर मोड़ पर शायद साथ हमे तुम पाओगे

9. माला जपते हैं

मुस्कुरा दे जो तू तो खिल जाये कलियाँ
जर्रा जर्रा महके घूमें बागों में तितलियाँ
तेरी हंसी पे जाने कितने दिल धड़कते हैं
कितने प्रेमी तेरे नाम की माला जपते हैं,

तेरे होठों पे जो लाली, है दिल चुराने वाली,
तेरे बदन की खुशबू, मेरी चाल करे मतवाली
माथे पे बिंदिया के सितारे चम् चम् करते हैं
कितने प्रेमी तेरे नाम की माला जपते हैं,

10. साज मैं बनूँ

सब्र का अपने मैं क्या बयान करूँ,
दो घड़ी बैठो साथ मेरे तो हालात बयान करूँ,
बताऊँ क्या तुम्हें कि क्या है दिल में मेरे,
यक़ीं तुम करो तो इज़हार ख़यालात करूँ।
यूँ तो हसरतों का समंदर दफ़्न है दिल में मेरे,
तुम मौक़ा दो तो तो लहरों का दीदार करूँ,
यूँ दफन ना हो जाये हाल ए दिल, दिल में मेरे,
तुम दो घड़ी सुनो तो साज मैं बनूँ।

11. ज़िंदगी क्या है

समझदारी का बोझ
मानो तो एक खोज
बड़े होने की समझदारी
छोटे होने की ज़िम्मेदारी
मन की चंचलता का रोमांच
रिश्तों का नाज़ुक काँच
प्रेम की अद्भुत गाथा
रिश्तों में बंधा हुआ धागा
विश्वास से बंधी एक आस
श्वास में ईश्वर का वास
ईश्वर की है एक बंदगी
बहुत खूबसूरत है ज़िंदगी I

12. तिरंगा

सांस जो हम ले रहे हैं आज के भारत में,
भारत वो खून से सींच के बनाया है,
क़ुरबानी बेटो की दी कितनी ही माओं ने,
तब जा के तिरंगा ठाठ से लहराया है,
भूखे रहे गोली खायी, सब कुछ छोड़ दिया,
हिम्मत का अपनी लोहा मनवाया है,
सुखदेव राजगुरु भगत की शहादत से,
आज़ादी मानाने का मौका ये पाया है,
अब्दुल हमीद, लाला लाजपतराय,
मंगल पांडेय जैसे लाखो को हमने गवाया है,
सोचो जरा कितनी ही माओं ने बेटो को,
देश पर अपना सर्वस्व लुटाया है,
वो तो गए दिला यूं आज़ादी हम सबको,
हमे अब अपना फ़र्ज़ निभाना है,
शान न जाने पाए इस तिरंगे की,
ध्यान इस बात पर हमेशा ही लगाना है,

13. घनी रात

यूँ तो हर बात है, साँसे चल रही हैं , और घनी रात है !
सब कुछ तो है पास मेरे , पर ना जाने क्या बात है !!
कुछ बेचैनी सी है इन आँखों में , दिल में कुछ जज्बात हैं !
है लबो पे ख़ामोशी का मंजर , किस तूफ़ान के आसार हैं !
क्या मेरे खातिर धड़क रहा , किसी और का दिल यूँ आज कल !
उसकी धड़कन की खुशबू से मेरे ऐसे हालात हैं!!

!

14. यकीन

सुन लिया तुम्हारी दलीलो को, यकीन तो नहीं होता,
बदल गए किसी के कहने से, यकीन तो नहीं होता,
एक तुम ही तो थे जो हर वक़्त पूछते थे हाल मेरा,
अब देखते भी नहीं हमे, यकीन तो नहीं होता l
एक हम हैं जो पहले से ज्यादा चाहने लगे तुम्हे,
तुम दूर भागने लगे हमसे, यकीन तो नहीं होता,
तुम छोड़ दोगे तो टूट कर बिखर जायेंगे,
तुम ऐसा कर जाओगे, यकीन तो नहीं होता
!

15. एक कप कॉफ़ी

चलो फिर से एक कप कॉफ़ी हो जाये!
इस कॉफ़ी की गर्माहट से कुछ रिश्ते पक जाये,
इस कॉफ़ी की भाप में गलतफहमियां उड़ जाएँ
मिल जाये साथ किसी का, किसी को हम मिल जाएँ,
चलो फिर से एक कप कॉफ़ी हो जाये!

कॉफ़ी के बहाने ही कुछ बात तो हो जाये,
कुछ सुन लो तुम हमारी, कुछ हम कह जाये,
गर्माहट से कॉफ़ी की शायद तुम्हारा दिल पिघल जाये,
चलो फिर से एक कप कॉफ़ी हो जाये!

मायने इस कॉफ़ी के कुछ ऐसे हो जाये,
"क" से तुम "कहो" "फ" से "फिर" हम कह जाये,
कुछ पुराना भूल कर फिर से नया बना जाये
चलो फिर से एक कप कॉफ़ी हो जाये!

16. बूँद

बरसात की एक बूँद ने मुझसे पूछा मेरा हाल ए दिल,
मैंने कहा कहो उससे, कभी तो मुझसे आकर मिल,
बोली बूँद, कि खफा है, वो तुझसे कुछ इस तरह,
चुभ गयी है बाते तेरी, टूट गया है उसका दिल,
मैंने कहा..........
बात मेरी, कौन सी, यह मै जानता तक नहीं,
दिल तोड़ दूँ, किसी का, ऐसी मेरी नीयत नहीं,
शायद किसी ने घोंप दिया, खंजर मेरी पीठ में,
उसके सिवा किसी से, मेरा वास्ता तक नहीं l

17. भीग जाएँ

चलो हम दोनों बारिश में भीग जाएँ,
मिल कर करे कुछ शरारते, कुछ गीत गायें,
मोहब्बत की कुछ बाते, साथ कुछ वक़्त बिताएं,
बिताएं ऐसा वक़्त जो कभी ना भूल पाएं,
चलो हम दोनों..........
तुम्हारी भीगी जुल्फों से एक खुशबू सी आये,
बारिश की बूंदो से, सौंधी मिटटी महक जाये,
महक जाए तन मन, रोम रोम मचल जाये,
चलो हम दोनों...........

18. पुरुष होना भी कहाँ आसान है

कठिनाइयों से हर वक़्त जिसका होता है सामना,
संवर जाये परिवार ऐसा होता है एक सपना
जिंदगी के हर मोड़ पर जिसका इम्तेहान है,
सच है संसार में, पुरुष होना भी कहाँ आसान है

माँ बाप की सेवा, बहन का ध्यान,
पत्नी का साथ, बच्चो का संज्ञान
सब हो जाये खुश बस इतना अरमान है,
सच है संसार में, पुरुष होना भी कहाँ आसान है

सीता के लिए धनुष, द्रौपदी के लिए मछली की आँख,
कलयुग में पत्नी के लिए, चाहिए सरकारी नौकरी की साख
सब कुछ करके भी न चाहता सम्मान है,
सच है संसार में, पुरुष होना भी कहाँ आसान है

19. हौंसले टूट रहे हैं

हौंसले टूट रहे हैं मेरे, मै दिल से हार रहा हूँ,
तुम जो गए मुझसे दूर, मै रो बार बार रहा हूँ,
तुम थे, तो गम भी मीठे से लगते थे
तुम थे, तो पीतल भी सोने से लगते थे,
अब तो हर चीज मानो खा रही है,
सुहानी रातें भी जैसे डरा रही हैं,
अपनी ही पहचान खोता जा रहा हूँ,
तुम जो गए मुझसे दूर, मै रो बार बार रहा हूँ,

तुम आओ तो बागों में बहार आ जाएगी,
सावन की बरसात, अलग से खुशबु ले आएगी,
सोना क्या मिटटी भी खूबसरत लगती है,
चाँद भी शर्मा जाता है जब तू हंसती है,
आजा अब तो मै तेरा रास्ता निहार रहा हूँ,
सुन ले मेरी पुकार मै तुझे पुकार रहा हूँ,

20. माँ

सबसे ज़्यादा रिश्ता तुम मुझसे निभा गई
फिर क्या वजह हुई जो यूँ रुला गई
कर के रोशन हमारी दुनिया,
बताओ तो तुम ख़ुद कहाँ गई
कैसे जियेंगे तुम्हारे बिन अब माँ
क्या वजह हुई जो तुम वहाँ गई
चली तो गई अब ये याद रखना,
वहीं से हमारा तुम ख्याल रखना,
हर मोड़ पर तुम याद आओगी
आंखो को हमारी नम कर जाओगी
बस इतनी प्रार्थना है मेरे कन्हैया से ए वीर
मेरी माँ को सदा अपने साथ रखना l

21. शायरी

नदिया की अविरल धार, तलवार की धार हूं मैं,
मंजिल हैं बहुत दूर उसके लिए तैयार हूं मैं,
कांटो की डगर, लंबी है मंजिल,
लहरों से कह दो उनका ज्वार हूं मैं l
ना गिरूंगा गिराने से ना मिटूंगा मिटाने से,
परिस्थिति से लडने को सदा तैयार हूं मै l

बिना किसी लालच के हर रिश्ता निभा मैं गया
फिर भी हर शख्स जाने क्यूं मुझे रुला गया
गुनाह क्या था मेरा ये जान न पाया मैं
दूसरो से सुन कर वो मुझे गुनाहगार बना गया
चाहत ना थी किसी चीज की बदले मे पाने की
फिर भी हर मोड़ पर वो मुझको गिरा गया

इस अनकहे से रिश्ते को यूं ही महकने दो
जुबां से नहीं, आंखो से ही कुछ कहने दो,
तुम बैठो सामने, और मैं देखता रहूं,
मेरी आंखों को जज्बात बयां करने दो
जानता हूं इजहार ए दिल नहीं करोगे तुम
खामोशी को अपनी इकरार समझने दो

सुकून के पल होते हैं जिनमे तेरा साथ होता है
इन हसीं पलो में एक रात ढलने दो

----

22. शायरी

भरोसा कर ही लिया तुझपे तो फिर आजमाना कैसा,
अब क़यामत आ भी जाये तो फिर घबराना कैसा,
दोस्ती वो है जिसमे दोस्त को आजमाया नहीं जाता,
जो आजमा ले अपने दोस्त को वो याराना कैसा l

माना की मसले बड़े हैं, मेरे हौसले और भी बड़े हैं
मुसीबतो से कह दो जा कर, हम डट कर आगे खड़े हैं,
आये तूफ़ान अगर जिंदगी में, या फंसी हो कश्ती भवर में,
कांटे हों चाहे सफर में, हम निडर हो कर खड़े हैं l

तेरी नफरतो का असर कुछ ख़ास तो नहीं,
कब सांस थम जाए, ये ऐतबार तो नहीं,
समझते हो खुदा, खुद को तुम, ये धोखा है,
नादान इंसान हो तुम, कोई भगवान् नहीं l

-----

23. शायरी

कुछ ख़ास लोग हैं जो, उनमे से भी ख़ास आप हो
दर्द सर में हो जाये, उस दर्द की दवा आप हो,
कैसे न करे तंग आपको, ये तो है हक़ हमारा,
आसमाँ जो जिंदगी है, उसके चाँद आप हो l

****

मैं अगर बुरा हूँ, तो एक काम कर
या तो मुझसे दूर जा, या फिर मुझसे बात कर l
शिकवा दूर मैं करूँगा, जग को बता बदनाम ना कर
ग़र है ज़रा भरोसा मुझ पर तो दिल को मेरे नाम कर l

****

किसी के लिए नमक, किसी के लिए शक्कर बन गया,
जिसको जैसी जरुरत थी, मै वैसा हमदर्द बन गया,
बात आयी जब मेरे मरहम की, तो कोई नीम ना हुआ,
मैंने हर एक का साथ दिया, कोई मेरा ना हुआ
टूट जाता हूँ, इन बातो को सोच कर, कितनी बेवफा है दुनिया,
मै सबका हुआ, पर मेरा कोई ना हुआ l

****

तेरी मजबूरियों का इल्म है मुझे, फिर भी तुझसे उम्मीद रखता हूँ

किसी से जो न कह सकूं, तुझसे वो रिश्ता जो रखता हूँ
तेरे नादान बनने की अदा भी मुझे बहुत भाती है,
मैं जानता हूँ तुझे तभी तेरा खयाल रखता हूँ ।

****

दिसंबर की आखिरी शाम में काश बरसात आ जाए,
रिश्तो की गलतफहमियों को साथ बहा ले जाए,
कोशिशे जो इस साल कामयाब न हो सकी,
नया साल शायद प्यार की सौगात ले आए ।

****

।

-----

24. दिल तो चाहता है

तुम हमसे बात करो, ऐसा दिल तो चाहता है,
तुम भी ऐसा चाहो, ऐसा नहीं हो पाता है,
हमे तो भाता है, गुस्सा भी तुम्हारा,
तुम्हे तो हमारा हँसाना भी खाता है,
नहीं हो सकती सोच दो लोगो की एक जैसी,
क्यूंकि एक श्वास आता तो एक जाता है।
और श्वासो का खेल है यह जिंदगी,
एक यहाँ आता तो एक जाता है,
कोई किसी को हँसाता है यहाँ,
तो कोई किसी को रुलाता है।

25. ऑपरेशन सिन्दूर

तुमने सिन्दूर उजाड़े थे , तो ऑपरेशन सिन्दूर किया,
तुमने आवाम को मारा था, हमने ना ऐसा काम किया,
तुम कायर थे, तुम बुजदिल थे, तुम धर्म पूछ कर मारे थे,
लो सिन्दूरी है धर्म मेरा, चौड़ी छाती से वार किया,
ध्यान से सुन लो पाकिस्तान, अभी तो सिंदूर दिखाया है,
आवाम को नहीं सिर्फ आतंकवादियों को सैंपल दिखलाया है,
वक़्त अभी भी है सुधरो, पर मालूम है तुम ना सुधरोगे,
गर ना सुधरे तो मत कहना क्यों शिव जी का तांडव किया l

26. जिंदगी

एक अनजानी सी राह पर जा रही है जिंदगी
रोज़ नए तजुर्बे सिखा रही है जिंदगी
लुटा दी जिनके लिए आबरू तक अपनी
उन्ही से लुटी जा रही है जिंदगी
इंतज़ार है मुझे अपने हक़ के वक्त का
मेरा भी एहसान मनाएगी जिंदगी
आज ख़िलाफ़ है तो माना वक़्त का दस्तूर है ,
कल फिर से वापस रौनक लाएगी ज़िन्दगी

www.ingramcontent.com/pod-product-compliance
Lightning Source LLC
Chambersburg PA
CBHW070653240926
51846CB00003BA/897
* 9 7 8 9 3 7 5 2 7 5 2 7 5 *